AF263764

NOTICE

SUR

MARIUS PORTE

1860

NOTICE

sur

MARIUS PORTE

Voyageur Botaniste, Conchyliologiste et Paléontologiste

Lue à la SOCIÉTÉ D'HORTICULTURE de Marseille

Dans sa Séance du 12 septembre 1866

PAR LE

Docteur ADRIEN SICARD

Secrétaire général.

MARSEILLE

TYPOGRAPHIE ET LITHOGRAPHIE ARNAUD, CAYER ET Cⁱᵉ

Rue Saint-Ferréol, 57.

1866

NOTICE

sur

MARIUS PORTE

Voyageur Botaniste, Conchyliologiste et Paléontologiste.

Messieurs,

Vous avez décidé, dans la séance du 13 juin 1866, que votre Secrétaire-général rassemblerait tous les documents nécessaires pour vous faire la biographie de l'intrépide voyageur Marius Porte ; nous venons vous rendre compte de l'honorable mission que vous avez bien voulu nous confier, heureux si nous pouvons vous faire apprécier les travaux de notre compatriote.

Plusieurs d'entre vous eussent été plus aptes que nous à remplir la difficile mission dont vous nous avez chargé ; mais, en désignant votre Secrétaire-général pour l'organe de la Société, vous avez voulu consacrer par un travail officiel, la mémoire d'un compatriote qui a rendu les plus grands services à la botanique, à la conchyliologie, à la paléontologie et autres sciences.

Quel est donc cet homme pour lequel vous avez voté un tel honneur ? Est-ce un de ces opulents de la terre qui, d'un signe de leur main, peuvent attirer sur un corps savant les bonnes grâces de l'autorité supérieure et les avantages qui en découlent ?

Serait-ce, par hasard, un de ces savants illustres devant lesquels tout le monde se prosterne ? Non.

C'est alors un membre de notre Société qui, par ses services spéciaux nous a rendu plus aisé la noble mission d'utilité publique que nous nous sommes imposée ?

Il n'en est rien ; car Marius Porte n'était attaché par aucun lien à la Société d'Horticulture de Marseille.

Cet homme, Messieurs, est un de nos compatriotes qui, désireux de connaître les pays lointains, a quitté Marseille à l'âge où

d'autres sont encore au collége ; il appartenait à cette vieille sou-
che marseillaise d'où sont sortis tant d'hommes illustres que la
France honore et que le monde entier vénère.

N'ayons garde d'oublier que la ville de Marseille est le berceau
de la plus grande partie de ces hommes qui, dans les pays lointains, ont fait connaître le drapeau de la cité et plus tard celui de
la France.

Ce drapeau, Messieurs, depuis les temps les plus reculés jusqu'à
nos jours, a été celui de la civilisation et du travail opiniâtre.

Bien avant que la France fût ce qu'elle est devenue dans un
temps plus rapproché de notre époque, la ville libre de Marseille
implantait dans les pays barbares ses habitudes et son commerce.
La langue franque lui permettait de se faire comprendre dans
les contrées les plus reculées de cette époque.

Plus tard, réunie à la France, elle consacra ses aptitudes et ses
études spéciales au bien-être de la nouvelle patrie. Rappelons-nous
donc toujours que notre ville fut le berceau de la plus grande
partie des institutions sociales qu'on a fini par généraliser dans
toute la France.

Vous nous excuserez, sans doute, de cette excursion dans un
milieu qui n'est pas celui dont nous devons nous occuper ; mais,
peut-on parler de Marseille et des Marseillais sans rendre à nos
ancêtres un hommage justement mérité.

Revenons à Marius Porte.

Fils d'un honorable négociant de Marseille, ce compatriote
quitte sa ville natale en 1834, consacrant sa vie et sa fortune à
des voyages scientifiques.

Le Brésil est sa première étape. Il y reste jusqu'en 1859.

C'est là qu'il découvrit, dans la province Alagoa un immense
gisement d'animaux fossiles, où l'on pouvait littéralement ramasser des squelettes complets et nombreux de *tatous* gigantes-
ques. De retour en Europe, notre compatriote n'eut rien de plus
pressé que de proposer à M. de Blainville l'exploration de cet immense gisement.

Enrichir la France de ces dépouilles, tel était le but de M. Porte.
Mais des difficultés sans nombre s'opposèrent à l'exécution de ce
projet, qui eût doté nos muséums des plus magnifiques spécimens

des espèces antédiluviennes qui sont encore complètement inconnues de nos jours.

De retour d'un de ses voyages, Porte débarque dans Bahia au moment où le choléra ravageait la ville de Maceio, y frappant de terreur toute la population ; notre compatriote s'y rend sans hésiter. Il sait, comme le dit si bien notre regretté Marseillais M. Méry : « qu'à l'heure des grands périls, l'homme résolu qui « garde sur son visage la fraîcheur de son teint et sur ses lèvres « la fermeté de la parole, exerce une domination autour de lui ; « que c'est le *forte virum* dont parle Virgile ; qu'on le regarde, « qu'on l'écoute et qu'on obéit. »

Il vole donc au secours des affligés, aidé par quelques études médicales, et, donnant l'exemple de tous les dévoûments, il parvient à ramener la confiance et à sauver grand nombre de malades. La reconnaissance publique lui signa son brevet de docteur en médecine.

C'est sans doute à ce moment qu'il obtint le diplôme de professeur des écoles homœopathiques de Rio-Janeiro et de Fernambouc, titres d'honneur qui figurent dans l'inventaire des papiers faisant partie de la succession de Marius Porte.

Soyons fiers, Messieurs, de cet homme qui, dans un pays lointain, est venu rappeler les Belsunce, les Moustier, les chevalier Rose et nombre de nos ancêtres. Il était de race et nous n'avons pas dégénéré.

Après avoir exploré le cours de l'Amazone et le Brésil dans nombre de contrées inconnues avant lui, Porte revient en France, rapportant une très grande quantité de plantes nouvelles, parmi lesquelles 18 orchidées, plusieurs espèces de fougères arborescentes, des palmiers, des graines d'altaléa qui contenaient parmi nombre d'autres espèces, le *Pyosoba altalea Funifera*, Mart.

Nous passons sous silence les renseignements de toutes sortes, pleins d'intérêt pour la science et l'industrie, qui accompagnaient ces envois. L'on trouvera à la fin de ce travail la liste des introductions dues à Marius Porte.

Le désir de revoir sa patrie après un long séjour dans ces pays lointains était bien naturel, mais notre compatriote ne voulut pas revenir les mains vides ; les spécimens de paléontologie et les grandes quantités de plantes qu'il introduisait n'étaient pas encore assez pour son zèle.

C'est au fond de l'Amérique, dans les contrés les plus sauvages, qu'il est aller chercher un spécimen vivant des Indiens, qui, même chez eux, passent pour les plus sauvages ; vous avez nommé les *Botocudos*.

Quelques-uns d'entre vous ont peut-être vu, à Paris, ce couple que notre compatriote y amenait à ses frais, et dont il n'a pas hésité à payer le repatriement, malgré les offres brillantes qu'on lui faisait pour qu'il les livrât à la merci de ces hommes qui considèrent leurs semblables de l'autre monde comme des bêtes féroces.

Les Botocudos sont un des plus horribles types de l'Amérique. Les ornements en bois dont ils chargent leur lèvre inférieure et leurs oreilles ne sont pas faits pour les embellir, et leur peinture en rouge et en noir vous donne un échantillon de leur goût. Si nous ajoutons qu'ils ont les cuisses et les jambes menues, mais musculeuses, les pieds petits , la poitrine et les épaules larges, le cou court, le nez épaté, l'os des joues élevé et saillant, qu'ils portent leurs cheveux, toujours noirs, ras au dessus des tempes, de manière à ne laisser qu'une touffe ronde au dessus de la tête, nous vous aurons donné la description complète de ces Indiens.

L'exploration des contrées les plus sauvages du Brésil n'était pour Marius Porte qu'un point de départ ; l'Archipel indien , Borneo, Singapore et les Philippines ont possédé notre compatriote de 1860 à 1865.

C'est de là qu'il a expédié, aux Muséums d'histoire naturelle de Paris et dans toute l'Europe, des quantités innombrables de plantes dont plusieurs sont encore à l'étude,

Citons, entre autres, la charmante orchidée désignée sous le nom de *Phalænopsis schilleriana* ; cette délicieuse plante fut envoyée de Luçon par notre compatriote.

Imaginez-vous de larges feuilles épaisses réticulées de blanc et de vert, du milieu desquelles sort une panicule de rameaux légers, longue d'un mètre, retombant avec grâce et portant à ses extrémités soixante-dix fleurs semblables à des papillons roses suspendus dans les airs, les ailes déployées. Les nuances les plus vives et les plus délicates se jouent sur ces pétales aux reflets satinés, des ponctuations et des teintes différentes d'intensité s'y font remarquer.

Imaginez-vous notre compatriote, dans les forêts de Luçon, ou les *phalænopsis schilleriana* se suspendent aux branches de ces grands arbres, décrivant les sinuosités les plus pittoresques ; supposez au-dessus de sa tête des tiges portant deux ou trois cents de ces fleurs exhalant un parfum suave, et dites-nous si vous ne comprenez pas comment Marius Porte, récoltant des aroïdées dans un des grands bois de l'île de Luçon, se voyant attaqué par une horde de sauvages, a pu se défendre seul contre tous, obligé pour sauver sa vie, de se réfugier sur un tronc d'arbre qui flottait sur le fleuve, et qui, au bout de deux jours de cette périlleuse navigation, lui a permis d'aborder à un comptoir français.

Il faudrait des volumes pour vous donner la description de toutes les plantes introduites par notre voyageur. Tous les jours, de nouvelles se découvrent au Muséum, et depuis sa mort, deux nouveaux arbustes de la famille des Myrcinées, provenant de ses envois, lui ont été dédiées.

Ce sont : le *Choripetalum porteanum* (ad. Brong), et l'*Ardisia porteana* D^{nc}, ces deux plantes ont une grand intérêt scientifique.

L'Europe entière a reçu des spécimens de plantes découvertes par Marius Porte, et nombre d'horticulteurs lui doivent leur fortune.

Désireux de reconnaître par un souvenir les nombreuses introductions que notre compatriote avait faites à Moscou, l'empereur de Russie lui fit remettre une superbe bague, seul souvenir de la reconnaissance des habitants de l'ancien monde.

Nous vous avons dit, en commençant cet opuscule, que Marius Porte était conchyliologiste. Nous devons à la bienveillance de M. Barthélemy-Lapommeraye, le savant directeur du Muséum d'histoire naturelle de Marseille, des détails à cet égard ; vous nous permettrez de vous les donner.

C'est dans les explorations du groupe insulaire des Philippines, que notre compatriote fut attiré à l'étude de la conchyliologie par la vue des magnifiques coquilles terrestres qui fourmillent aux îles des Nègres, de Ficao, de Luçon, de Masbate et autres.

En ramasser des quantités telles qu'il put en expédier dans toute l'Europe, fut pour lui l'affaire de peu de temps ; l'Allemagne et l'Angleterre en savent quelque chose.

Marseille, sa ville natale, pour laquelle il avait toujours une prédilection particulière, ne fut pas oubliée, et le plus beau choix de ses découvertes se trouve dans notre Musée.

Les Philippines, explorées en tous sens par le célèbre conchyliologiste anglais Cuming, semblaient n'avoir plus de secret pour ceux qui viendraient glaner après lui ; il n'en a pas été ainsi : Porte, plus heureux, a découvert dans ces contrées non une de ces coquilles qui, par l'exiguité de leur taille peuvent échapper à toutes les recherches, mais bien un Bulime des plus grands qui aient été recueillis dans l'Asie.

Cette coquille qu'un savant conchyliologiste étranger a élevée au rang d'espèce distincte, et qui est connu dans la science sous le non de BULIMUS PORTEI, *Bulime de Porte*, sera reproduite par la gravure dans tous les ouvrages scientifiques, et figurera avec honneur dans les établissements assez heureux pour le posséder.

Ce Bulime, un des plus riches par la disposition, la variété et l'harmonie de ses couleurs, se rapproche par ses caractères généraux du Bulime de Rééve, mais il en diffère par certaines modifications de la forme.

Quoique Porte n'ait pas eu le temps et les appareils nécessaires pour se procurer des coquilles marines, il a cependant doté le Muséum de Marseille de quelques espèces riveraines du genre Nérite, et de diverses Patelles.

L'étude des plantes, le désir qu'il éprouvait de faire connaître en France ses découvertes, l'a conduit à perfectionner le mode d'envoi des végétaux vivants, et il en était arrivé à un tel point de perfection, que toutes ses plantes étaient dans un état de parfaite conservation ; c'est donc à lui que nous sommes redevables des nouvelles bâches de voyage.

Porte, non seulement a rendu des services à la botanique, à la paléontologie et à la conchyliologie, mais encore par ses études spéciales sur les mœurs et les habitudes des habitants des contrées inconnues qu'il a parcourues, on peut le citer au nombre des anthropologistes les plus distingués.

Espérons qu'on trouvera plus tard les notes de toutes sortes qu'il avait le soin de rédiger, et qui nous donneraient les notions les plus précises et les plus utiles sur des contrées encore inconnues, au point de vue des mœurs et des habitudes de leurs habitants. Porte, qui avait vécu au milieu d'eux, était seul capable de nous initier à leur vie nomade, tout en donnant des renseignements précieux sur les animaux et les végétaux de ces forêts vierges.

Nous eussions été heureux de pouvoir secouer la poussière de ces feuilles sur lesquelles il inscrivait ses labeurs incessants ; mais, malheureusement, jusqu'à ce jour la France est privée des recherches de ce voyageur intrépide. Tout ce que nous savons à ce sujet, c'est que M. le Consul de France, à Manille, vient de charger le sieur Ambrosio Roblès de la garde des papiers inventoriés. Ce dernier devant les représenter à qui de droit.

Fatigué de ses longues et périlleuses excursions botaniques à travers les forêts des îles Philippines, découragé par les mécomptes qu'il avait éprouvés, notre compatriote s'était fixé à Manille, où il exploitait une industrie lucrative, lorsque il fut atteint par une de ces graves dyssenteries si communes à ces contrées. C'est le 14 janvier 1866, que Porte a rendu à Dieu sa belle âme, en tournant vers sa patrie ses derniers regards.

Dix jours après sa mort, l'on mettait aux enchères les plantes qu'il avait arrachées, au péril de sa vie, des profondeurs des forêts vierges et de beaucoup de pays inconnus. Bâches et plantes ont été adjugées pour 92 francs 31 centimes. Elles viendront un jour en Europe sous le couvert des étrangers et seront adjugées au prix de l'*or*. Souhaitons que cette anomalie disparaisse et faisons des vœux pour qu'on considère, comme un véritable bijou, les découvertes de nos botanistes.

Le jardin de notre compatriote était une station dans laquelle il fesait reprendre les plantes avant de les expédier en Europe. C'était donc un écrin dans lequel devaient se retrouver les objets les plus nouveaux et les plus précieux.

M. Porte, lors de son décès, était chancelier provisoire du consulat de France à Manille, cette marque de confiance, prouvait tout le mérite de notre compatriote, que la Société Impériale de et Centrale d'Horticulture de Paris s'était adjoint comme membre correspondant.

En jetant les yeux sur le portrait que la libéralité de ses frères nous a permis de joindre à cette notice, vous reconnaîtrez un homme de génie tout occupé des études les plus profondes, et dégagé des idées mesquines qui ont aujourd'hui cours parmi nos jeunes gens.

L'étude, le travail le plus abstrait, sans trève ni repos, et sans espoir de récompense, telle a été la vie de Marius Porte.

Permettez-nous en terminant cette notice, de remercier M. Rougier Sarrette fils, qui, par l'idée de réunir une exposition des produits importés par notre voyageur, a été le premier mobile de l'hommage mérité que lui rend la Société d'Horticulture de Marseille, organe de la cité qui l'a vu naître, et qui, nous osons le dire, est, dans cette circonstance, l'organe de toutes les Sociétés savantes de l'ancien monde.

M. Houllet, du Muséum de Paris, et M. Barthélemy-Lapommeraye, directeur du Muséum de Marseille, ont aussi droit à notre reconnaissance pour les documents spéciaux qu'ils ont bien voulu mettre à notre disposition.

Quand à vous, Messieurs, qui avez ordonné ce légitime hommage à la mémoire d'un savant marseillais, le seul regret qui peut vous incomber, c'est de n'avoir pas choisi une plume plus capable de formuler un dernier souvenir pour l'homme de bien, le voyageur consciencieux, et le savant dont notre vieille cité déplore la perte.

Plantes nouvelles envoyées du Brésil, par M. MARIUS PORTE, *jusqu'en 1859, au Muséum d'histoire naturelle, et déterminées :*

Portea Kermesiana.............	Ad. Brong.
Billbergia Porteana...........	»
» Morelii.............	»
Hohenbergia Erythrostachys....	»
Cryptanthus Clavatus.	»

Æchmea Miniata.............. »
» Var Discolor........ »
Anomochloa Marantoidea....... »
Calathea Sanguinea........... A. Gris.
» Rotondifolia......... »
» Glumacea........... »
» Porteana........... »
Stromanthe Porteana......... A. Brong.
Chamœdorea Fragrans........ Mart (du Pérou).
Bertolonia Marmorata......... Naudin.
» Ænea............. »
Eucharis Amazonica.......... Hort.
Geissomeria Nitida........... Nees.
Mikania Speciosa............. Hort.
Theophrasta Impérialis........ »
Vanilla Clavata.
Geonoma Pholeana........... Mart.

Et un grand nombre d'autres espèces de plantes déjà connues, mais peu répandues dans le commerce, en Orchidées surtout, telles que :

Miltonia Moreli.............. Ad. Brong.
Burlingtonia Venusta......... Lindl.
Cattleya Aclandiæ.
» Bicolor.
» Guttata.
» Crispa.
Lœlia Elegans.
Purpurata.
Labata.
Bulbosa.
Brassavola, plusieurs espèces.
Huetuya Violacea.
Gongora.
Oncidium, un bon nombre d'espèces.
Coryanthes Eximia.
Galeottia.

Cyrtopodium.

Sobralia.

Plusieurs espèces de Fougères arborescéntes, des Palmiers, surtout, des graines d'Altalea qui alors étaient très peu connues ; il a expédié l'espèce qui produit le *Pyasaba Altalea funifera.*

Plantes nouvelles envoyées de Singapore et des Philippines , par M. Marius Porte , *de 1860 à 1865, et déterminées, au Muséum d'histoire naturelle de Paris.*

Phalenopsis Luddemænniana.........	Rechb.
» Schilleriana............	»
Ærides Thibautii..................	»
Rhinchostecum Pyrolœfiorum......	Dim.
Fouilloa Latifolia.................	A. Brong.
Pandanus Linneii.................	Mortal.
» Porteanus	»
Quatre autres espèces non déterminées, très remarquables.	
Ficus Greelii......................	H. Mosc,
» Nobilis......................	»
» Porteana....................	»
Nelitris Urvellis..................	D. C.
Cycas Riuminiana.................	H. Mosc.
Dracœna Porteana................	H. P.
Pandanophyllum Porteanum........	Ad. Brong.
» Humile..........	C. Koch.
Arenga Manillensis.	
Wallichia Tremula	
Calamus Imperatrice Marie.........	H. Mosc.
» Nicolai..................	»
Pinaga Maculata..................	»
» Prince d'Oldenbourg........	»
Schizocasia Porteana..............	Schott.
Homalonœma Porteana............	Ad. Brong.
Scindapsus Pictus................	Schott.

Alocasia Zebrina...................... Schott.
    »   Longiloba................. »
    »   Lowi...................... »
Ananassa Sativa Variégata Nova.
Glochydion Porteanum........... H. Baill.
Mappa Porteana.................. »
Hoya Imbricata.................. Die.
Podocarpus Bracteatus.
Tabernemontana Podocaquii.

Et un grand nombre d'espèces dans les serres du Muséum qui sont encore trop jeunes pour fleurir, quoique offrant le plus grand intérêt, et par cela même indéterminées.

Signé : Houllet.

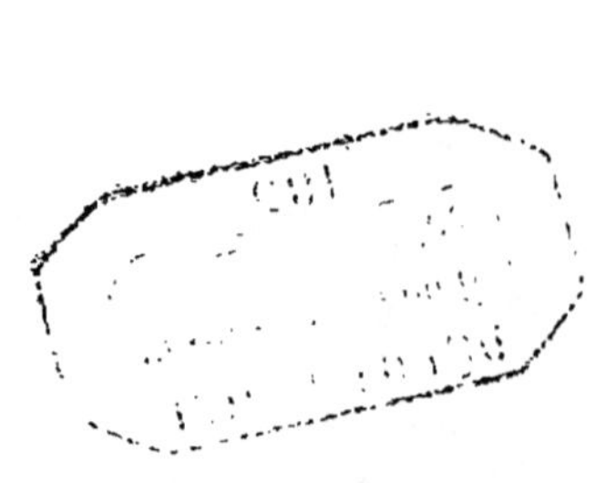